문수현 시집

아름다운 시

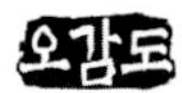

☪ 아름다운 시

초판 인쇄일 • 2023년 2월 20일

초판 발행일 • 2023년 2월 22일

지은이 • 문수현

펴낸이 • 강옥현

주　간 • 양재일

디자인 • 김양길

펴낸곳 • 도서출판 오감도

서울시 중구 을지로3가 268 유일빌딩 604호

출판등록 1998년 10월 15일 제10-1651호

전화 010-3206-2591 070-7778-2591 031-775-0161(팩스 전용)

메일 2277yang@hanmail.net

ISBN 978-5698-419-3 03810

10,000원

책 머리에

즐거운 시는 행복해서 좋고
슬픈 시는 눈물 나서 좋다
외로운 시는 쓸쓸해서 좋고
아픈 시는 상처가 많아 좋다
시 속에 희로애락이 다 들어 있어
시가 이렇게 아름다워도 되는가
오늘도 시를 읽는다

2022년 12월
문 수 현

1부

2부

3부

4부

5부

1부

오늘은 비

흐린 날은 하늘이
구름의 책을 읽는다
책 읽는 소리가
지상까지 낭자하다
얼마나 열심히 읽는지
지상이 큰 귀를 열어놓고
초목이 귀를 곤두세워
한 자도 놓치지 않는다
아무리 빨리 읽어도
다 듣고 이해한다
줄줄이 읽는 소리가 리듬을 탄다
강하다가 약하게
느리다가 빠르게
가끔 천둥 번개도 끼워 넣는다
그러나 밤에 들으면
그리운 발자국 소리다

씨앗

씨앗은 둥글고
열매 맺어 익는다
몸으로 보여주는
자연의 이치
둥근 것은 부드럽고
함박웃음 같다
둥근 것을 보면
마음도 둥글어져
말들이 굴러나온다
둥근 사람들이 늘어나면
각박한 세상이 바뀌고
둥글게 부딪쳐
상저 없이 어울린
씨앗을 보며
사람을 읽는다

민들레

1

보도블록 틈을 비집고
겁도 없이 머리를 내밀었다
뿌리를 잡은 흙먼지가
끈질긴 생명을 불러냈다

2

땅 가까이
사방으로 잎들을 뻗고
대궁이 끝엔 꽃 한 송이
홀씨라 불리는 둥근 포자를
바람 대신 입으로 훅 불러
내일에게 준다

3

열 번을 물어도

백 번을 물어도

내게는 당신뿐이다

꽃 2

그렇게 역한 냄새에도
얼굴 하나 찡그리지 않고
참는 걸 아니?
아무리 비바람 몰아쳐도
애써 웃음을 잃지 않는 것 또한
아플수록 더 뜨겁게 일어서고
어두울수록 뿌리에서 뽑아 올린
혼신의 힘으로 불을 켠다
마구 핏방울을 뿌리며
찢기고 뜯기어도
끝끝내 밝음을 놓지 않는다

움직이는 꽃밭

빨간 립스틱을 칠한 아가씨들이
저만치 웃고 걸어온다
가까워질수록 웃음도 빨갛고
주위가 온통 빨간 꽃이다
짙은 화장을 한 여자 여럿이 수다 떨며 다가온다
깔깔거리는 웃음 사이로
싱싱하고 아름다운 꽃들이 무더기로 피어난다
연신 시들 줄 모르는
꽃밭이 통째로 움직이는 것 같다
꽃들은 피어서 밝고 향기롭다

달팽이

당신이 누군지 모른다
내겐 당신이 존재하지 않는다
사랑이나 미움 따위는
먼 신화 속의 이야기
누굴 그리워하거나 기다린 적 없다
더듬이 끝에 눈알을 굴리며
세상을 이리저리 살피지만
그저 습관에 익숙할 뿐이다
내겐 이 지구가 우주다
어느 먼 행성에서 소풍 와서
지구가 좋아서 떠나지 못 한다
나는 지금껏 종종걸음친 적도
두려움에 뒷걸음친 적도 없이
피하고 숨는 곳이 겨우 등의 집이다
나는 한 번도 울어 본 적 없어
전혀 눈물이 무언지 모른다
당신에게 상처를 입고

가슴 아파 몸부림친 적도 없다
짚신도 짝이 있다는 세상에
내 안에 당신, 당신 안에 내가 있기에
번식을 위해 서로 주고받는 난생卵生을 산다

여름밤

모기에게 피 한 방울 뺏겼다고
소란을 떠는 게 아니다
한 방울 아니라 열 방울도 줄 수 있다
주어서 행복하다면 적선이 아니더냐
그런데 말이다, 모기야
피 한 방울 갖고 가면서
꼭 흔적을 남겨야 하느냐
허락 없이 갖고 가서 미안해서라면
그럴 필요가 전혀 없다
앞뒤 막힌 자린고비가 아니다
그 빨갛게 부어오른 피부에
근지러운 벌레를 심어놓다니
무슨 심술이란 말인가
긁기 시작하면 멈추지 못 한다
미안한 생각이 조금이라도 있다면
제발 뒤끝을 남기지 마라
미물이라도 함부로 죽여선 안 된다는

내가 내게 한 약속이 깨어지고
너를 잡으려 서슬을 세운다
잠을 깨면 쉬이 잠들 수도 없다

그림자

어쩌다 빛 속에 감금당한 어둠이
빛이 쏟아질 때 조금씩 스며 나와
빛이 닿지 못하는 자리마다
그림자로 주저앉는다
한 번 빛에서 빠져나온 어둠은
빛 쪽으로 기울거나 내려서지 않는다
빛 속에서 겨우 살아남아 여윈 어둠도
빛을 벗어난 순간
너무 지쳐 넉장거리로 누워
대지를 부드럽게 적시는 그림자가 된다
이윽고 뼈 세운 그림자를
밤이 거대한 자궁을 열어
살과 피가 돋아나게 키우는 것이다

화두

석존이 대중에게 따서 보인
꽃 한 송이에
가섭만 미소 지었듯
수천의 말보다
당신 마음과 눈빛 스며든
연꽃 사진 한 장이
나를 행복하게 했다
사랑을 확인하는데
이보다 무엇이 더 필요한가

꾸벅

늦여름 오후를 지난다. 읽다 둔 책을 펼친다. 책 속에서 잠이 달려나와 잠 속으로 끌고 간다. 꾸벅,눈꺼풀에 잠이 매달려 떨어질 줄 모른다. 다시 페이지에 눈길을 모은다. 꾸벅, 간밤 꿈속을 너무 많이 헤매다닌 탓인가, 아니면 일이 힘들었던가. 몸이 나른하다. 창문엔 오후의 햇살이 빗 선으로 거미줄 그네를 타고 있다. 읽은 부분을 다시 읽으니 페이지가 넘어가지 않는다. 스르르 감긴 눈으로 읽는다. 꾸벅, 또 잠에 빠졌다가 눈을 뜬다. 어디까지 읽었던가, 무슨 내용인지 모른다. 옆에서 보면 책 앞에서 꾸벅거리고 있는 것이다. 무슨 소리가 크게 들려온다. 그냥 지나친다. 휴대폰이 요란스레 울린다. 귓전으로 넘긴다. 허공에 기댄 잠의 사다리를 오르내리면서 꾸벅거리다가 잠이 깊어 책상에 이마를 찧기도 한다. 잠을 털어 내느라 머리를 좌우로 세차게 흔든다. 거머리 같은 잠이 떨어지지 않는다. 꾸벅, 상체가 휘청거리며 고개가 푹 꺾였다가

제 자리로 돌아온다. 꾸벅, 꾸벅, 자동적으로 되풀이 한다. 멈춘 페이지에 잠든 얼굴이 박힌다.

잡초

산과 들마다 사투리처럼
아무렇게나 자라서
잎마다 이슬을 달고
키만큼 그림자도 세운다
해와 달, 별빛들을 받으며
땅을 살찌우는 양식이 되어
때 묻지 않는 세계를 품고
벌 나비 날아들게 하고
풀벌레 소리 귓전에 둔다
가끔 거친 바람은 거부하고
제자리로 돌아오는 몸짓으로
나그네 발걸음을 멈추게 하는
수줍은 웃음이 피어 곱다
마구 짓밟고 뒹굴다 가는
멧돼지 고라니 들쥐들에
자지러지듯 놀라지만
그때마다 툭툭 털고 일어나

꺾인 허리 펴고 다시
서로 손잡고 가는 걸음마다
휘파람 소리도 가볍게
천 년 향기 가득 넘쳐나는
무성한 기다림을 산다

들꽃

들길을 가다가
기척이 있어 돌아보니
향기로 웃고 오는 얼굴
이름이 뭐냐 물으면
그냥 웃는다.
굳이 알려 한다면
들꽃이라 불러 좋다
누가 내 말을 하나
귀 곧추세워 듣지 않고
더러 예쁘다 아름답다는
칭찬을 듣기 위해
잘 보이려 발돋움하거나
애써 꾸미지도 않는
그래서 더욱 그리운 꽃이다.
벌레 먹지 않은 만큼 즐겁게 살며
누가 더 잘났는가, 비교하거나
빈부귀천을 따지는 이들에겐

절대로 매달리지 않는다.
그러나 진정한 마음이 다가서면
속내까지 다 보여준다.

코스모스의 소원

난, 키 작은 코스모스야
어쩌다 보니 이렇게 태어났어,
내 잘못은 아니지, 아니
누구의 잘못도 아니야
키가 크면 시원해 보이지만
더러 싱겁기도 해
난, 아담한 사이즈야
안으면 품에 쏙 들어오는
매력 덩어리라고
작은 키 때문에
거친 바람을 잘 피해
나쁜 것만은 아니야
난, 내 몫을 살면서
하늘보다 땅이 더 좋아
다정하고 부드럽고 친근하고
무엇보다 내 그림자를 아껴줘
지금껏 불행하다는 생각을 해 본 적 없는

난, 당신의 사랑을 받고 싶어
그게 소원의 전부야

가을 일기

오늘, 뭐 했어?
글쎄 뭘 했더라!
일상의 반복을 빼버리고
굳이 말한다면
나지막한 앞산을
눈에다 심어놓고
내 속의 젖은 그리움을 꺼내
가을볕에 말린 것과
단풍이 절정이라고
친구와 나눈 통화
약속을 확인하는
카톡 문자를 보낸 것과
거울 앞에서
살짝 미소 띤 얼굴이 아름다워
새삼 누구인가 묻기도 하고
거실을 왔다 갔다
생각 없는 생각을 하고

다음번 외출에는
너무 드러나는 옷보다
수수한 차림을 해야겠다고

가을 하늘

자랑해온 키만큼
껑충 뛰어올라
한층 더 깊어진 눈이다
익는다는 것은
열매만이 아니다
무게가 실리는 만물들
투명한 거울에 비친
얼굴에도 살이 올랐다
티 하나 없이 구름이 닦고 간
공중정원으로
새들이 짝수로 날아든다
장난삼아 돌멩이를 던져
물수제비 뜬다
통통 뛰어가며
징검다리 놓는 소리가 맑다
내 마음을 담아 당신에게 주고픈
가장 좋은 선물 같다

2부

풍경 속으로

코스모스 같은 여인이 양산을 쓰고 지나가네
길섶엔 구절초가 어제처럼 웃고
바람이 싱거운 팔을 내밀어 슬쩍 건드리네
하루 두 번 다니는 버스가 손님이 없어도
제 시간을 지켜 멈췄다 떠나고
하늘이 가슴을 활짝 열고 속내를 보이는
오후 두 시의 적막 사이로
나비 한 마리 먼 길 가는 발길로 날고 있네
먼 산이 허리 굽히고 귀 기울이며 내려와
창에다 제 그림자를 세우고 돌아서네
햇살이 어깨동무하고 들판으로 몰려 가
황금물결을 어루만지고
나무마다 열매들이 합창하며 익어가네
철수와 영희가 없는 골목으로
할머니가 유모차에* 텅 빈 아기를 싣고 가네*

* 이해리의 「텅빈 아기」 시 제목 인용

가을 뒷모습

아름다운 길이 너무 많아서
한군데 눈길 멈추지 못 하겠네
새로운 것을 찾아다니지 않아도
사방 눈길 가는 데마다
황홀감에 놀라 어쩔 줄 모르겠네
가을엔 단풍이 그중 눈부시지만
무거운 짐 다 내려놓고
축복인 양 떨구는 낙엽 밟으며
손잡고 가는 노부부의 뒷모습
한 폭 그림 같이 가슴을 적시네
발자국들 삼키며 걸어온 길이
노을에 닿아 더욱 곱게 익어가네

열매

가지마다 주렁주렁 달고
한 목소리로 합창하며
잘 익어가는 열매를 보면
주위가 한층 밝아지는 것 같다
풋내 나는 시절을 지나서
때깔 곱게 물들어 갈수록
사랑을 알아가는 모습 같다
사람도 열매로 익어가면
육체는 아름다워지고
정신은 빛이 넘쳐난다
비바람의 시련이 많을수록
더욱 무겁고 깊어지는 수심
품을수록 넓어지는 가슴에
상처는 열매처럼 익고
허물은 흔적으로 남아
단맛을 내고
주위를 넉넉하게 살지우는

웃음을 샘솟게 한다
이 세상에 왜 왔냐면
열매 하나 익히려고

가을 산책

곱게 물든 단풍잎들이
사방에서 반겨 맞는다
하나같이 아름답고
절정의 얼굴들이다
그 일부는 사진에 담고
나머지는 눈 가득 새겨 넣는다
눈빛이 환하게 불탄다
깊어가는 계절의 길목에
푸른 잎을 단 나무들보다
빨갛고 노랗게 익은 나무들이
훨씬 깊은 맛을 안겨준다
익는다는 것은 무게를 더하는 것
색과 향기가 넘쳐난다는 것이다
어느새 단풍을 닮은 발걸음이
끼리끼리 어울려 다니며
터뜨리는 웃음이 주위를 밝힌다
혼신의 힘을 모은 나무들의

생명력이 실로 놀랍다
성스럽기까지 하다
미구에 미련 없이 떠나도록
그림자도 버리는 낙엽들 또한
얼마나 뒷모습이 가벼운가

가을과 겨울 사이

작별을 사는 나무들은 외롭다
아름다운 단풍이 물들도록
햇살이 절정을 뛰어다닐 때도
애써 도리질 치고 안간힘 써도
매달릴 힘이 없이 가벼워지고
보이지 않는 손이 뚝뚝 떼어가는
이별은 예감 없이 다가온다
텅 빈 바람이 침묵을 일깨우면
낙엽들 소스라치는가
뒤돌아볼 연이 다하고 나면
너무나 쉽게 떠나는 발길들
뒷모습을 그냥 바라볼 뿐이다
다시 그림자도 돌아오지 않는다
주춤 머뭇거리기만 해도
한사코 남은 정을 다하련만
가지마다 침묵을 심어놓고
그리운 흔적이 남은 자를 울린다

달려 있다고 자랑할 일 아니다
둘러보면 사무치도록 허전하고
달빛의 시리고 여윈 손길과
이슬을 달지 못하는 별빛들뿐이다
나뭇잎 하나가 한 생인 것을
떨어질 때마다 꿈틀거리는 우주를
까마득 모르고 사는 나무들
강물에 빈 가지의 뿌리를 내린다

겨울 일기

당신이 사준 머플러를
목에 두르고 거리로 나간다
당신의 팔이
내 목을 감싸 안아 따뜻하다
그래서 혼자 걸어도
당신과 함께 춥지 않다

눈사람

쌓인 눈
더미에서
살려낸
백인이었다.

동구의 느티나무

근 이백 년이나 정정한 어른이시다
지나다니는 마을 사람들을 지켜보며
이름은 물론 나이와 생일까지
명절 때 오는 자식이나 손자 손녀도
줄줄이 다 꿰고 있다
아직은 정신이 초롱초롱해서
건넌 마을 아흔의 김 영감 치매 소식에
혀를 끌끌 차며 안타까워도 한다
마을의 대소사는 물론
조상들의 제삿날까지 기억하고 있다
아직은 다리가 튼튼하고 눈이 밝아
해마다 무성한 잎들을 거느리고
건강한 그늘을 넓히고 있다
증손 고손자 같은 새들이 날아들어
할부지, 할부지, 하고 재롱떨며 매달리면
기특해 죽겠다는 표정으로 껄껄껄 웃는다
간혹 낮잠이 들면 바람이 쓰다듬고

잠시 쉬려 그늘에 드는 발길에게
한 말씀 잊지 않는다
“참고 기다리고
서로 도우며 살아라”
저물녘 노을에 취해 홍일홍얼
밤이면 별빛 앞세우고 마실도 가신다

이별은 슬프다

날마다 이별을 살지만
막상 이별이 오면 슬프다
만날 약속을 한 이별은
설레고 아름다워도
어느 날 갑자기 다가온 이별에
우리는 목 놓아 울고 만다
가깝거나 먼 이웃들
떠나보내고 떠날 때마다
우리의 슬픔을 짜내지만
사랑의 깊이만큼
핏줄로 이어진
부모와 형제, 자식들
비통한 이별 앞에는
울컥 피 토하는 애달픔이
하늘이 무너지고 땅이 꺼지듯
그지없이 슬프게 한다

풍경

한 장의 그림엽서에
작은 마을이 담겨 있었다.
겨울이었고
눈이 내리고 있었다.
지붕마다 케이크가 부풀고
마을로 들어가는 길이
눈 속에 지워지고 있었다.
굴뚝에선 연기가
동화처럼 피어오르고
어디선가
종소리도 은은하게 들려오는
저녁이었다.

원시인

산업 폐기물이 땅속으로 숨어들자
땅은 그대로 털썩 주저앉아 숨을 모았다
이제껏 기대어 살던 초목들은
뿔뿔이 살길을 찾아 떠나가고
서로 스며들거나 어울려 녹지 못하고
파묻힐 때 모습으로 고집스레 버티느라
석탄도 화석도 될 수 없었다
썩을 수도 죽을 수도 없는 것은
몰래 흘려보낸 폐수도 마찬가지였다
수 세기가 지난 후에 지구인들이 살길을 찾아
땅속 깊이 비밀을 노다지 캐듯 파헤치자
고갈된 자원에 불씨 하나 피울 수 없는
흙을 삼킨 거대한 괴물이 흉측한 몰골로 살아 있었다
부푼 기대는 일순 물거품이 되고 그리움도 무너졌다
주춤 물러선 포클레인이 손을 털며 투덜거렸다
석탄을 캐어 밥을 짓던 까마득한 시절의 하늘이
전설처럼 가슴을 때리는 것이었다

문명의 이기가 버린 썩은 양심의 발자국들이
흔적으로 썩지 않고 고스란히 남아
감춘 속살까지 뻔뻔스럽게 드러낸 것이다
어디에도 사랑의 뜨거운 가슴은 없었다
부패하지 않는 힘의 두려움이란
후손들이 치러야 할 대가로 주어진 것이었다
마침내 무성한 잡초의 세상을 꿈꾸는
원시인들의 수가 점점 늘어나기 시작했다

나무의 사랑법

아무리 간절해도
눈에 보이게 다가서지 않는다
서로 눈빛으로 만나고
손을 내밀면 잡힐 듯
그 사이를 바람과 햇살로 채우고
새와 짐승들이 옮겨 다니도록 길을 내어준다
서로가 그리울 만큼 간격을 두고
숲을 이루어 아름답게 산다
그러나 그것만이 아니다
나무는 누구보다도
서로의 숨결을 나누고 싶어 한다
은밀한 실내를 훔쳐보듯
가만히 살펴보라
어느새 뿌리가 만나고
서로 놓지 않겠다는 듯 껴안고
우리가 모르는 사이에 벌써

죽음도 떼어놓을 수 없을 만큼

서로 깊이 스며들어 있다

비 온 뒤

아스팔트 바닥이 하늘을 안고 싶어
흘러가는 빗물을 움켜잡는다
손가락 사이로 빠져나가고 남은 물이
갈 길 끊어진 길 위에 그냥
털썩 주저앉은 것이 손바닥만 한 웅덩이
구름 걷힌 하늘이 어느새 내려와
웅덩이의 수심이 된다 한동안
얼비친 행인의 그림자도 새겨 넣고
비둘기의 날갯소리도 적시고
평화로운 한 세상을 여는가 싶더니
심술궂은 차바퀴가 뛰어들자
사방으로 흩어지는 물방울들
다시 만날 기약 없이 뿔뿔이 흩어지고
갑자기 물벼락에 행인은 발 동동 굴리고
순식간에 동료를 잃은 물들이
반쯤 줄어든 하늘을
제자리에 내려놓느라 안간힘이다

나무

왜 서서만 있느냐, 묻지 마라
세상엔 평생을
일어설 수 없어 누워 있는 것들이 많다
한번 서기만 해도 여한이 없겠다는 간절함 앞에서
나는 그지없이 미안할 뿐이다

양수리

강도 그냥 흘러가면 외로운가,
남한강과 북한강이 만나 그동안
쌓인 회포를 푸는 것 같다
각각 살아온 길은 달라도
조금도 어색하지 않게 어울린다
산빛 물빛을 새겨 온 몸짓을 보라
사랑은 서로 스며드는 일이다
넉넉하게 내어주는 일이다
넓게 하늘도 펼치고 더 많은
물새들도 불러 모으고
그리웠던 눈빛도 만나고
언젠가는 이렇게 만날 수 있다는
만나서 함께 할 수 있다는
믿음 하나 갖고 살아 세상은 아름답다
믿는 만큼 깊어지는 수심
천년 세월을 거뜬히 뛰어넘는

산 숲이 노을을 눈부시게 부려놓는 발밑
강은 또 한 번 꿈같은 평화에 설레는 것이다

호수의 길

무심코 던진 돌멩이 하나
호수의 세상을 발칵 뒤집어 놓는다
순간의 키를 세우며 부르르 떤다
나는 장난삼아 던지지만
호수는 돌멩이를 전신으로 받아
아픔의 실핏줄을 수심이 삼킨다
명상에 든 바닥의 하늘도 날벼락 만난 듯
얼굴이 찢어지고 일그러지고
잽싸게 돌멩이에 파인 자리가
사방에 벽으로 일어선다
나이테를 그리며 퍼져가는 신음소리
주변의 숲도 비틀거리고
덩달아 놀란 새들이 날아오른다
상처는 보이지 않지만
그 흔적은 남아 가슴 깊이 파고들 것이다
다시 평화가 밀려와 수면에 깃들고
햇살이 하늘로 가는 길을 밝힌다

누군가 말했다

높은 산을 오르고
이름난 산 다 찾아다니며
산의 이목구비를 읽고
침묵의 말씀을 듣고
산에다 일생을 건 사람
그가 모르는
산 그림자의 무게를
산 하나 타 본 적 없는
누군가 말했다

한강

겁 없이 텀벙 뛰어드니
천년 세월이 반겨 맞는다
수심을 딛고 서니
조선의 노을이 매달리고
다시 한걸음 내려서니
고려의 하늘이 젖어든다
내려설 때마다
갈대의 사연이 귀 세우고
마음 적신 그림자도 일어선다
뒤척이는 물소리에
빛이 되어 살아가는
다시 천년 세월이
구름 한 점 싣고 유유히 흘러간다

3부

산 일기 1

엇길로 빠진 듯 너를
멀리서 지켜본 날로부터
이대로 영영 잊고 살자 했다
그러던 어느 날 밤 꿈속으로
숲을 앞세우고 찾아와서
왜 아니 오느냐, 왜 아니 보이느냐
기다림에 애가 타 슬펐다며
돌아서는 뒷모습이 아파 보였는데
이목구비 반듯했던 네가
내게 날개를 달아주었을 때
단숨에 산정에 오를 수 있었다
그날 이후 한 번도 잊은 적 없고
마음속 깊이 화석으로 남았다
그런데 새소리에 솔깃했던가,
바람의 몸짓에 익숙해져 가는
당신을 안타까워하면서
점점 멀리하게 되었다

나는 안다 그것이
더 푸른 아름다움이라는 것을
내 슬픔이 바닥을 칠 때
새로운 만남에 한껏 부풀었을
당신을 불러 나의 산이라
다시 노래할 수 있을까

산 일기 2

사람들 산을 오르면서
갖고 온 짐을 내려놓고
홀가분하게 돌아선다
사람들 산의 힘을 빌려
여윈 그림자를 지우고
휘청거리는 몸을 곧추세운다
사람들 산에 드는 순간부터
세속의 때를 숲에 씻고
날개를 달고 싶어 두 팔을 편다
그때마다 크고 작은 상처를 입어도
산은 어머니의 가슴을 열고
죄다 품어 안고 삭이느라 바쁘다
미처 삭이지 못하고 쌓이면
끙끙 몸살을 앓아도 내색 한 번 않고
밝은 얼굴로 반기지만 때로
발밑이 흐리고 휘어진 허리를
아무도 눈치채지 못 한다

하늘이 잘 참고 견디는 모습이
보기에도 좋다고
어깨를 다독여 준다

산 일기 3

하늘이 목 놓아 우는 날은
산도 덩달아 펑펑 울고 만다
그동안 쌓인 아픔과 한이
얼마나 많았겠는가
사람들이 버린 쓰레기부터
바람과 새들이 물고 온
억울하고 슬픈 소식까지
한꺼번에 쏟아내어
계곡으로 흘려보낸다. 더러
성급해서 지레 뛰어내리다가
우르르 몰려나온 발길들 겹쳐
걷잡을 수 없이 미끄러지면
산자락을 움켜쥐다가 끝내
무너져 발밑은 아수라장
평화로운 한 마을이 순식간에
벼락 맞은 듯 파김치로 주저앉는다
아무리 애써 버티어도

막무가내 사태를 막을 길 없어
더러는 실종하고
더러는 흙더미에 깔린다
한꺼번에 터져 나온 지상의 울음에
귀가 먹먹해진 산은 이 모든 것이
자신의 잘못인 것 같아
몸 둘 바를 모른다

산 일기 4

깃털 하나 돋아나도
날개를 달았다고
떠벌리고 자랑이 꽃피고
우쭐거리며 다니는 세상에
언제든지 하늘로 솟구칠
거대한 날개를 갖고도
산은, 천 년을 지켜 앉아
기다리는 인내로 산다
왜 날고 싶지 않겠는가
하루에 열두 번 더
사방에서 유혹하는 손길
추켜세우고 슬쩍슬쩍
겨드랑이를 간질이는
바람의 등쌀에도 움쩍 않는다
언젠가 한 번
하늘이 떠나갈 듯 날개 치며
날아오를 그날을 위하여

설령 영영 오지 않을지라도
믿음 하나 견고히 간직하고
수심 깊이 뿌리 내리는
놀라운 산의 사랑이다

산 일기 5

산을 사랑하는 사람들은
떼로 모여 산에 설 때마다
세속의 때를 끌고 다니며
산의 이름을 줄줄이 엮고
어느 산의 높고 낮음이나 헤아려
자랑이나 앞세우고 낄낄거리며
엇길로 빠져 먹고 마시고 즐기는
설익은 사람들이 아니라
산에 설 때마다 새롭고
옷깃 여미는 경건함으로
산정에 다가갈수록
스스로 돌아보고 다짐하며
더 멀리 더 넓게 세상을 읽고

자신은 물론 남의 생까지
아낄 줄 아는 사람들이다
산은 다 안다

누가 나의 뜻에 가깝고 먼가.
겨우 숲과 바위를 보고
바람과 새소리를 들으며
산을 꿰뚫었다는 사람들이
그지없이 딱하기만 한 것이다

산 일기 6

첫발을 디딜 때는
계단을 오르듯이 걸음마다
눈 가득 산만 담는다
점차 익숙해질수록
산정에다 마음을 세우고
산을 그리고 사람을 읽는다
내용 없는 수다처럼
발밑을 굽어보지 않게 되면
스틱으로 쿡쿡 찍으면서
스스로 그림자를 넓히고
가쁜 숨을 들이킬 만큼
앞지르거나 서두르지 않고
능숙한 사냥꾼같이
기회가 올 때까지 기다리며
산행을 줄줄이 엮어내고
습관적으로 길을 열어도
부러움을 한 몸에 받는

전문가가 되어간다
더러 뒤따르며 흉내 내지만
각자의 방식대로 산을 타면서
비밀의 방에 훈장 같은
액세서리를 채워간다
가끔 엇길로 든 발길이
안나푸르나*를 안는 순간
절정에 자지러진다

* 안나푸르나 : 희말라야 8000미터 고봉으로 트레킹의 대명사로 불림.

산 일기 7

처음부터 먼 산이었다고
애써 부인하고 변명해도
그보다 먼저 알고 있었다
무리에 끼어들지 않았다면
엇길로 빠지지 않았을 텐데
낙엽이 쌓이고 쌓여 썩은 곳
미끄러지면 다치는 함정이 있고
호기심에 발길 내디딘 것이
비밀 하나 더 만들었지만
인연의 오랏줄에 매달려
은밀한 만남은 계속되어 왔다
시침을 뚝 떼도 보일 것은 다 보인다
하늘이 큰 눈을 감았을 뿐
왜 그랬을까 외로웠다고
그보다 더 외로운 사람들이
저 거리에 얼마나 많이 흘러가는가
물안개 냄새가 향기로 다가온

그날의 실핏줄 뻗은 우주가 꿈틀
누군가에게 깊은 상처로 남았다
흔적 하나 남기지 않았다 해도
없는 흔적도 남는다

산 일기 8

다시는 찾지 않으리라
돌아서서 다짐하고 다졌다
그런 나를 지켜보며
조금도 서운해하지 않고
언제라도 오고 싶을 때 오라고
사방으로 문은 열어두고
바람과 새소리로 지키고
행여 세월이 흐른 뒤에
찾아와도 낯설지 않게
청설모는 오솔길을 다진다
바위는 지금 모습 그대로
상수리나무 오리나무 어깨 너머
먼 마을의 불빛 헤아리고
계곡물 소리 어둔 귀를 씻도록
바닥에 하늘자락 펼쳐놓고
옹달샘 가엔 이끼를 키워
목마르지 않도록 배려하고

그저께 집 나갔다 내일 돌아오듯
한순간 엇길로 빠졌다 해도
누가 탓하고 따질 것인가
부끄러워할 일 전혀 아니라고
깃털 빠진 새의 울음까지
다 품고 기다리는 산이다

산 일기 9

무거운 발길도 산에 들면
오를수록 가벼워지는 마음
산 중턱쯤에서 산이 내어준 깃털이
스멀스멀 겨드랑이에서 돋아나
산정에 서면 날개를 단다
손을 내밀어 잡아주는
산의 어깨에 기댈수록
세속의 때가 씻겨 나가고
아직도 구시렁거리는 나를
침묵의 말로 다독여준다
산의 수심에 내려설수록
머리가 숙여지고 낮아지는
나를 품어 안는 산이다
무거운 짐 거뜬히 받아 들고
견고한 믿음을 심어주는 산은
천년을 보는 눈으로
바람과 새소리를 읽고

누구나 흔들리지 말라고
바위 하나씩 안겨주고
만 년을 거뜬하시다

산 일기 10

당신만 두려운 게 아니다 가파른 바위를 켜켜이 딛고 한눈팔 새 없이 늘 긴장하고 떨린다고 발밑을 굽어보면 아찔한 현기증이 일어 힘을 모아 마음을 다진다는 절벽은, 높은 것만 좋은 것이라고 한사코 오르려는 나를 일깨워 준다. 오르면서 채운 마음을 내려가며 비우란다. 좁은 길 바위틈을 따라 계곡의 숲에 드니 물소리가 반갑다고 이마의 땀을 닦아주고 멀리까지 함께 내려오면서 조심해서 가라고 몇 번이나 등을 다독인다. 혼신의 힘을 모아 높은 산을 탈 때마다 생의 높이와 깊이, 넓이를 배우지만 아직은 너무 멀다. 손가락뼈 같은 산맥과 골진 골짜기를 읽으며 여기서는 더 낮아지고 더 겸손해야 한다는 날개 같은 깨달음 하나 덤으로 안고 하산한다.

산의 날개

산이 날개를 감춘 새라는 것을 아는 사람은 많지 않다 겨드랑이에 스멀스멀 날개가 돋아나 멀리 날고 싶어 한다는 걸 산정에 서 보면 안다 산이 날개를 내 주어 몸이 가벼워진 것을, 산도 때로 날고 싶어 깊은 밤 아무도 몰래 날개를 꺼내어 보고 그리움이 사무치면 그림자를 심어놓고 몸 바꾸어 하늘 높이 기러기처럼 날며 천 년을 두고 운다는 것을.

산이 아름다운 것은

산이
고고하게 아름다운 것은
머리 위에 구름 거느리고
발밑으로 세속을 딛고서도
희로애락에 물들지 않기 때문이다
갈수록 산이 아름다운 것은
한결같은 천 년의 걸음으로
때마다 마음이 들떠
숨겨둔 날개를 꺼내어 날지 않고
식솔 같은 바위와 숲
이웃 같은 계곡의 물소리
연인 같은 새소리 바람소리
침묵으로 다독이며 힘을 실어주는
반가운 만남이 있기 때문이다
이토록 산이 아름다운 것은
앞서거니 뒤서거니
산정을 오르내리는 사람들이

서로를 지켜주는

따뜻한 손길이 있기 때문이다

산길

내게 알맞은 보폭으로도
갈수록 높아지는 산이다
숲과 바위, 계곡에 숨긴
산의 은밀한 내용을 꺼내어
내 마음에다 옮겨 심는다
산의 비밀 하나씩 더한다
침묵의 수심을 알 수 없어
언제나 산에 서면 두려워도
그때마다 몸과 맘을 가다듬고
다시 시작해도 늦지 않다
오랫동안 산을 잊고 살다가
막상 산에 서면 서먹해진다
산은 그런 내 마음을 알고
산정의 기쁨을 일깨워준다
지금껏 아는 것 다 버리고
백지 같은 여백을 넓혀가며
늘 새롭고 신비로운

사랑하는 일 또한

한 생을 가는 산길이다

산山사람

산에 살려면 속세의 그림자와
끝까지 매달리는 미련을 떨치고
빈 몸 빈 마음으로 들어와서
산의 모습과 무게를 닮아가고
속세를 잊는 것만이 아니다
먼 불빛에 흔들리지 않고
침묵하는 산의 입과
커다란 귀를 여는 생활에다
사람이 싫어서 사람을 피하여
숨어 들어와서도 안 된다
산도 속세에 뿌리를 뻗고 있다
산 사람이 되려면
초목과 바위를 이웃으로
새소리 바람소리를 친구로
산의 옷을 입을 때까지
참고 견뎌내는 것만도 아니다
산을 좋아한다고 몰려다니는

사람들을 흉내 내서도 안 된다
산 사람이 되려면
산에서 속세를 배우고
속세에서 산을 읽으며
산과 하나가 되어야 한다

가을 먼 산

가까운 산보다 먼 산이
뚜렷하게 다가올 때가 있다
짙은 눈썹이 유난히 깊다
가끔 강물까지 왔다가
그림자도 못 세우고 돌아가는
뒷모습을 볼 수 있었다
나를 찾아온 것인데
내가 너무 무심했다
축 처진 어깨가 무거워 보인다
저 산 너머엔 내가
몇 년째 가지 못한 고향이 있어
안부를 묻고 싶어도 낯선 얼굴들뿐이다
괜스레 미안해서 적막을 들추는 척
아직도 저 산엔 내가 듣던 새소리 여전하고
발밑을 적시는 강물은 수심을 키우는가
궁금하기 그지없이 무사하리라 믿는다
때로 가깝다 느끼는 것이 멀고

멀다 느끼는 것이 가까운 세상사
나와의 인연을 하나 둘 짚어본다
만남이 많을수록 흘릴 눈물도 많다
오늘은 큰맘 먹고 하늘을 들쳐업고
성큼성큼 걸어 온 것 같다
하늘바라기 하다 보니
키가 우뚝 커버린 먼 산이다

먼 산

올라야 산이었고
오를 수 있어 산정이었다
인가에서 아득히 떨어져 있었다
당신이 혹시 올까 자리를 비우지 못하고
기다림에 굳어버린 바위가
드문드문 자리를 지키고 있었다
그늘의 무게만큼 늘어가는 빽빽한 숲마다
햇살이 틈새를 비집고 들어와 놀다 가곤 했다
다람쥐가 제 세상 만난 듯 오르내리는
떡갈나무가 해마다 일용할 양식을 넉넉히 내주었다
어쩌다 길 잃은 발길 찾아들까
가슴을 한껏 열어놓은 오솔길
산 꿩이 기슭에서 푸드덕 날아오르고
산사의 종소리가 메아리로 울려갔다
별빛들이 무더기로 쏟아지고
달밤이 옛이야기를 전설처럼 풀어놓았다
수심 깊은 적막을 깨트리며

새소리 바람소리 무시로 드나드는
여기도 한 세상이 살고 있었다
초역세권이었다

산으로 가는 길

산으로 가는 길은
산빛을 먹고 자라서
길섶의 잡초도 산 냄새가 난다
무시로 숲에서 달려 나오는 바람도
산의 몸짓으로 춤사위를 풀어놓고
산과 가까이 사는 사람들
밤낮없이 산을 쳐다보니
눈 가득 산빛이 철철 넘쳐난다
산의 발밑에 매달린 마을 집집의 창은
무심한 듯 산을 심어놓고 돌아앉아도
산 하나씩 키우는 보람에 산다
산으로 가는 길은
산의 뿌리를 잡고 있어서인지
유난히 싱싱하게 꿈틀거린다
산을 오르내리는 사람들 또한
다리가 길어져 더욱 아름답다

4부

조국

당신을 그리면
당신의 모습은
영 넘어가는 구름이 된다
친친 허리를 감은 녹슨 세월에
바람이 걸리어 목쉰 기침을 하고
이즘을 몰라 행복한 짐승과 새들*
떼 지어 넘나드는 아름다운 이 강산
무엇을 보고 듣고 물고 오는 소식은 없는가
해마다 들꽃은 피어서
소꿉친구같이 손짓하고
길목마다 기다림을 심어놓아도
너무 멀리 와 무디어진 건 아닌가
강물은 가슴 깊이 멍들어
여윈 그림자에 지쳐가고
비목조차 사라진 능선마다
잡초만 무성하게 그날의
상처를 까마득 덮어버렸다

당신을 그리면

왜 눈물이 나는가

내 사랑

* 이즘 : 주의

문어 발

사랑의 방식인가
타고난 바람기인가
하나에 만족하지 못하고
둘이나 셋에도 허기지고
궁금하면 참지 못하고
흥미로우면 지나치지 않고
어떤 매력이 눈에 들면
반드시 내 것으로 챙긴다
여덟 개의 발마다
무거운 인연을 달고도
자유자재 기고 날면서
폭식에도 끄떡없는
뼈 없는 부드러움으로
한번 내게 잡히면
나의 일부가 되고 만다
나를 의심하면
오직 당신뿐

안심해, 안심하라고
믿음을 안겨주는
나는 팔색조, 나는 카멜레온
나를 읽으려 다가서면
먹물을 터트려 주의를 흐려놓는
나는 문어, 문어 발

사는 법

멀리서 풍경이고
감추어 아름답다면
그냥 두어라
가까이해서 실망하고
파헤쳐서 후회하지 말고
지금 그대로 두는 것이
피차 도움이 된다
멀리 둘 것은 멀리
가까이 둘 것은 가까이
그리고 침묵할 것
보고 듣는 것이 넘치는 세상
제 눈에 들보는 두고
남의 눈에 티를 빼어*
나팔을 불지 마라
허물없는 사람이 어디 있던가
모르면 약 알면 병
긁어 부스럼 내지 말고

날마다 거울을 보며
정직한 얼굴을 그리면
오늘도 행복하리라*

* 성경 : 마태복음 7장 1-5

그렇게 살면 된다

사람들이 빨리 간다고
종종걸음으로 따르지 마라
앞질러 간다 해도
그건 내 걸음이 아니다
보조를 맞출 수 없다고
뒤처지는 건 아니다
돌아보면 내 뒤에도
나보다 느린 사람들 많다
남을 흉내 내어도 그가 될 수는 없다
잠시 부러워서 나를 잊은 것
나를 사랑해야 남도 나를 아낀다
아무리 아름다워도 빌려 입은 옷은
내 것이 아니니 돌려주어야 한다
편한 내 옷만 하겠는가
몰려다니며 함부로 어울리지 말고
발돋움한다고 기웃대지 마라
그건 한눈파는 일

지금껏 살아 온 방식대로

그렇게 걸으면 된다

행복한 날

바람이 나뭇잎이나
풀잎의 겨드랑이에서
싱싱한 살갗을 걷어내어
피곤에 지친 내 볼에다 심고
부드럽게 빈틈없이 다진다
연지 볼이 탱탱하게 일어서고
설렘 같은 향기도 배어난다
무척 고마운 나는
깊이 숨겨둔 비밀 하나
아낌없이 건넨다
내 그림자에 나비가 날아와 앉는다
나비가 앉으면 다 꽃이다
발밑으로 스멀스멀
그리운 몸짓들이 살아나
나를 번쩍 들어 올려 절정에 세운다
가장 아름답게 꽃피는 순간이다

시든 사랑에도 생기를 불어넣는
바람 불어 좋은 날이다

나의 집

나의 집은 나무다
때로 구름이고 싶고
바람처럼 헤매다니고 싶어도
한번 뿌리 내리면 그곳
사랑 또한 너무 고독해
그대를 떠나지 못 한다
그렇지만
먼 데 물소리에 귀를 밝히고
무시로 산 그림자 끌고 와
숲을 풀어 놓는다
낮달의 한숨도 슬쩍 줍고
산 너머 꽃소식에
마음이 먼저 내닫는다
계절이 숨 가쁘게 드나들어
하늘의 속살을 콕콕 찌르는 재미
무시로 가지를 키워
싱싱한 실핏줄을 뻗기도 한다

위험하면

위험한 일에는
요리조리 피하고
그만 괜찮다 싶으면
선수 쳐 매달리고
싸워야 할 일에는
뒷짐 지고 수수방관
싸우지 말아야 할 때는
기를 쓰고 덤비는 세상
어미들은
자식들에게 가르친다
위험한 곳에 가지 마라
그 위험한 곳에도
사람들이 살고 일하고
사랑도 한다

종이접기

*

한 뼘이 모자라서
만날 수 없고
그립다 말해놓고 돌아서면
허기지는 이 마음
차오르는 슬픔이 너무 깊다
아름다웠던 날도 없지 않았다만
인연을 맺어놓고
당신보다 내가 먼저 운다
우리 사랑
이대로 영원할까

*

내게는 당신에게 가는 길이 있다
당신을 지나서 만나는 내가 있고
당신을 지나야 나를 지나는 길이 있다
당신에서 내게로 오는 길이 있고

나를 지나는 당신의 길이 있다
당신과 내가 낯설 때
좁혀지지 않는 레일도 있다
숨길수록 아름다운 노래가 있고
서로 젖어드는 눈물이 있다
만나면 우리 지워지지 않고
완성되는 사랑이 있다

상처

모든 상처는 아프지만
상처가 있어야 아물고
아물어야 새살이 돋는다
상처 없다 자랑 마라
상처 없다면 상처를 입지 않고
상처만 주는 사람
더욱이 믿지 마라
상처가 있어야 너와 내가 만나
당신의 상처를 쓰다듬으며
내 상처도 달랜다
세상에 상처 없는 만남이 어디 있는가
만남의 순간부터
서로에게 상처가 된다
들먹일수록 덧나는 상처는
자꾸 건들지 마라
상처가 많을수록

생이 아름다워지고

사랑도 깊이 익는다

홍게의 눈

어느 별나라에서
지구인의 양식이 되기 위해
바다에 뛰어든 외계인들
그물에 잡혀 줄줄이 올라오는
공양의 붉은 꽃잎들
상자마다 가득 채운
홍게를 보다가
어느 눈과 딱 마주쳤다
유난히 깊고 슬퍼 보인
외계인의 그 눈
목숨을 내어주는 일
거룩하고 성스럽지만
홍게찜에 입맛 다시는
눈으로는 볼 수 없는
아우슈비츠 수용소 가스실로
줄줄이 엮여 끌려가며 돌아보던
겁먹은 그 눈들

태산 같은 고통에도

끝내 신의 자비는 없었다

공동 빨래터

동네 아낙네들 다 모여
빨래를 하네. 돌판에
빨랫감을 문질러 방망이로
쌓인 스트레스 풀듯
마구 두들겨 팰 때마다
시어머니 얼굴이 지나가고
남편 얼굴이 지나가고
시누이 얼굴도 지나가네
매달린 얼룩과 상처들이
납작 엎드려 풀이 죽으면
물에 헹궈 짜네
뒤끝은 없네. 가족이니까
빨래터는 아낙들의 수다 자리
쏟아내는 흉허물에 야한 이야기까지
찔끔찔끔 눈물을 짜내며 배꼽을 잡네
슬쩍슬쩍 속내도 내보이고
자식 자랑엔 함박꽃이 피네

질펀하게 웃고 나면
마음의 땟물도 다 빠져 나가고
빨래 이고 돌아가는 뒤태가 곱네
가까이 복숭나무의 복숭아도
빰이 빨갛게 물들었네

사냥꾼

표적을 향해 총을 겨누는 순간
이미 꼬리는 잡힌 것이다
벗어날 확률은 희박하고
잡힐 위험이 많아진다
먼저 눈이 살기를 띤 채 달려가고
동시에 방아쇠를 당긴다
전혀 예감치 못한 상태에서
대처할 기회가 전혀 없다
시시각각 죽음의 그림자가 스쳐간 줄 모르기에
모든 생명들은 그래서 행복하다
탕, 소리와 함께
놀란 몸이 껑충 뛰어 올랐으나
이미 늦은 것이다
그 자리에서 즉사하거나
몇 걸음 달아나다 푹 쓰러진다
날마다 신이 겨눈 표적은 인간이다
정조준하여 백발백중 명중이다

영원히 살 것 같지만

소리소문없이 닥치는

죽음과 동시에 완성되는 삶이다

버스 정류장

텅 비어 쓸쓸해 보여도
기다림이 가득 차 있다
사람이 없는 날은 바람이 놀다 가고
정류장 옆 등나무 넝쿨에 매달려
지루한 시간을 걷어내는 햇살
가슴을 다 내어놓고 기다림이
손때 묻은 나무의자에서
세월의 뒷모습을 엿보고 있다
길섶의 패랭이꽃처럼 앉아서
행복을 지켜보는 무심한 얼굴들
가끔 지나가다 잠시 머물러 쉬고 싶은 곳
시골길은 아득히 멀고 길다
하루에 두 번 오는 버스를 놓친 안타까움이
발 구르다가 마음을 접고 나면
어느 전생에서 흘러온 그리움인가
산자락을 적시며 뻐꾸기 운다

더딘 사랑

사랑아,
네가 내게 오는데
그렇게 오랜 세월이 걸렸나,
어둠을 밀어내며
네가 오는 동안
기다림을 앞세우고
나는 무얼 하고 있었던가,
사랑아,
네가 오는 동안 나는
내게 다가가려고
그리움에 몸부림쳤던가,
쉴 새 없이 너는 오는데
끝내 나는
저 산빛에 주저앉아
머뭇거린 것만 같구나,

새롭다는 것은

새롭다는 것은 새것이 아니다
때 묻은 걸레를 빨아 깨끗해지듯이
이전 것은 내려놓고 달라지는 것이다
일상의 번복 속에서
앞과 뒤, 속과 겉을 바꾸어보는 것이다
그대에게 향한 이목구비가
크게 열리는 것이다. 열리어서
어제의 내가 아닌 오늘
내가 느끼는 이 기쁨
이 놀라운 감격을 맛보는 것이다
이제껏 알지 못한 것을 알게 되는 순간
새가 되어 날아오르는 것이다
육체보다 영혼 쪽으로
한 발 더 가까이 다가서는
거듭나는 생의 모습이다

5부

인형에게

애인을 두고부터
네 생각을 놓고 있었네
얼마나 밤낮이 외로웠을까
나 하나 의지해온 세월
원망도 하고 안타까워도 했을
너에게 관심도 없는
그런 무정한 나를
젖은 눈으로 보았을 너를,
마음이란 게 본시
한쪽으로 기울면
문어발처럼 사방으로 뻗지 못하고
바람같이 천지사방 매달릴 수가 없네
그래서 말인데
우리 사랑 열매 맺고 익을 때까지
기다려줄 순 없을까?
지금 내게는 오로지
그 하나를 위해 자고 일어나는 일뿐

언젠가 제자리를 찾으면
너를 위해 남은 날을 헌신할 것을
약속하겠네.
너무 섭섭지 말고
안녕.

텃세

먼저 자리한 자가 자비를 베풀지 않고
자신의 생활권을 지키고
세력권을 과시하는 수단이다
보이지 않는 권력 앞에서
끝까지 살아남기 위해
몸이나 물질의 희생을 강요한다
바람도 함부로 끼어들 틈이 없도록
방어벽을 세우고 갑질을 일삼는다
짐승들의 영역 표시 같은 것
터줏대감으로 좌정하고
아예 넘보거나 뿌리 내리지 못하도록
완강한 고집으로 지켜 간다
아무것도 모르고 살러 왔다가
공동체에 따돌림을 당하기 일쑤다
견디지 못하고 떠나기도 한다
끝까지 견디는 자는
어울리기까지 온갖 수모를 참아야 한다

세상은 약자를 위해 존재하지 않는다는

교훈 하나 배운다

내가 사는 세상

사랑 타령에 세월 가는 줄 모르고
아직도 그대는 내 사랑
유행가 한 곡조 뽑아들면
산빛 물빛이 그렇게 고울 수가 없다
햇빛과 바람이 감미로운 멜로디가 되고
하늘이 큰 손으로 지휘봉을 잡으니
눈부시고 아름다운 노래가
천지간 가득 울리는 것이다
그대가 있어 사랑의 꽃이 피고
충만한 기쁨의 샘이 솟고
세월에 구겨진 마음도 주름진 육신도
삶의 길목마다 주저앉고 마는 아쉬움도
다만 살아 있어 황홀하고 행복하고
한세상 사랑할 것이 너무 많아서
아직도 그대는 내 사랑, 영원한 내 사랑
눈시울 적시는 그리운 몸짓

상처가 깊을수록 더욱 연연한

그래서 더욱 사랑할 수밖에 없다

여인들

수다의 긴 끈으로 묶은 여인들이
길을 가로 점령하고 몰려간다
몇 사람은 비켜 가고 또 몇은 부딪쳐 가고
여인들이 내주는 뒤쪽 텅 빈 공간을
뒤따르는 새소리가 꽉꽉 채운다
우 우 몰려나와 무례를 감추고
숲이 되어 마구 풀어놓는 바람의 몸짓들
소음이 끼어들다가 튕겨 나가고
가로수가 귀 세우다가 별일 아니라는 듯
제 그림자 속으로 표정을 눕힌다
간혹 눈 부라리는 모세의 지팡이에
양쪽으로 갈라지는 바다가
어느새 흔적 없이 아물곤 한다
하이힐 굽 소리에 출렁이면서
까르르 웃음이 걷어내는 중년의 주름살
허공이 한층 탱탱하다

아이

아직 걸음마를 배우지만
얼굴에서는 꽃들이
두 팔에서는 나비가
웃음에서는 햇살의 향기가
마구 쏟아져 나온다
무진장으로 저장된
아름다운 보석상자
아이의 눈물은 다이아몬드다
흠도 티도 가지 않는
천사의 노래
마음이 죄다 듣는다
아이는
무지개로 수놓은
사랑의 얼굴이다

거룩한 의식

밥 한 그릇에 머리를 조아리고
밥그릇이 고속도로를 탄다
눈비 내리고 바람 세차게 불어도
이른 새벽길을 나서야 한다
하늘엔 아직도 별들이 살아 있는데
앞만 보고 달려온 밥그릇이
후후 불어가며 라면을 먹는다
자꾸만 목이 메어 차오르는
꺼이꺼이 토하고 싶은 서러움
눈앞이 흐려온다 이 밥그릇의
주인은 누구인가 이 삶의 주인은
때로 깨어져 피를 흘리는 밥그릇에
마지막 순간까지 매달린다
밥그릇이 또 하루를 밀고 간다
무시로 밥그릇 싸움에 난장판이 되고
흩어진 밥알을 주워 담다 보면
털썩 주저앉아 밥그릇을 채우고 싶다

오늘은 내가 쏜다

주인은 코빼기도 보이지 않는다

뒤통수

근지러워 돌아보면
누군가 쏘아보고 있다
미운털이 박히면
뒤통수가 성할 날이 없다
셀 수 없는 혀를 널름거리며
칼날처럼 날아와 박히는
섬뜩해서 소름이 돋기도 한다
면전에서 웃던 입술도
돌려세우고 난도질할 때는
믿음이 깡그리 깨어지는 순간이다
내가 한 잘못을 모두 감당해야 하는
우리 몸의 속죄양, 너는
가장 습하고 어두운 곳
여간해선 꽃이 피지 않는다
뒤통수가 멍들고 상처 많은 사람일수록
거머리처럼 남의 뒤통수를 긁어댄다

반달

가슴에 반쯤 빈자리
임의 얼굴을 채우리라는
기다림은 그지없다
주워 담아도
물속에 띄워도
창유리에 수놓아도
채워지지 않는 사랑아
아직 오지 않아
귀 기울이는 길을 따라가다
무언가 아쉬워 돌아보면
생의 한쪽이 기우뚱 기우는
이 허기는 또 어쩌나.

다람쥐의 숲

눈부신 대낮
다람쥐의 꿈이 아스팔트 바닥에
한 점 무늬로 버려진다
그림자도 함께 얼룩진다
순식간의 일이었다
산자락의 핏줄을 잘라
6차선 고속도로가 태어난 때부터
이미 예고된 불행이었다
얼떨결에 가족과 친구를 이별했지만
습관의 옛 숲과 길이 손짓하면
겁나게 달리는 괴물의 발톱 사이로
쏜살같이 건너야 하는 목숨 건 모험
죽음도 피해가는 듯했다
산 숲에 살다 보니 여린 세월에
정을 뚝 끊어버리는 무정함도
간 큰 인간의 망각을 깨우지 못하고
다람쥐에겐 여전히 정든 숲이며 오솔길이었다

돌아오지 않은 아비를 기다리는 건
비단 다람쥐 가족만은 아니다

나그네

괴나리봇짐에 짚신 감발하고
고려의 하늘에 뜬 구름같이
혼자 길을 떠난 사람아
그날은 햇살도 눈부시고
바람도 옷자락 펄럭였던가
한 아름 외로움을 안고
고갯마루에서 한숨 돌리고
집 떠나면 고생이라고
망망대해에 뜬 조각배 하나
사람이 귀하던 시절이라
밤 깊어 외딴집 찾아들어
귀한 대접도 받았을 것이다
황혼이 깃들 때마다
길을 재촉하기도 하면서
두고 온 사랑도 못내 그리웠을
가만히 불러보면
옛날이 기척 없이 다가서는

우리 인생 또한
먼 길 떠나는 길손 아니던가

데생

*

무정한 네가
햇빛을 막아서면
그림자에도
나는 춥다
배려가 없는 세상은
늘 겨울 속이다

*

돈키호테가 그리운 세월이다
바보 이반이 보고픈 세월이다
찔러도 피 한 방울 나오지 않을
영악한 세상천지에
사투리처럼 꾸밈없는
사람 하나 만나고 싶다
그런 내가 되고 싶다

아름다운 시

즐거운 시는 행복해서 좋고
슬픈 시는 눈물 나서 좋다
외로운 시는 쓸쓸해서 좋고
아픈 시는 상처가 많아 좋다
시 속에 희로애락이 다 들어 있어
시가 이렇게 아름다워도 되는가
오늘도 시를 읽는다

전생 여행

어느 전생엔 사내였다
성문을 지키는 군졸이었다
고려의 하늘이었을까
조선의 들판이었을까
내가 바라본 세월 속에서
연모한 계집애가 있었다
하루에 한 번 성안으로 드나들던
열다섯쯤의 가녀린 들꽃이었다
때 절은 보따리 하나 안고
댕기 머리 길게 드리운 그 계집애
언제부터인가 가슴을 비집고 들어와 있었다
구절초 같은 갓 스물의 나는
연모는 타올라 노을을 적시고
기다림은 쌓여 달빛을 태웠다
비 오는 날이면 아득히 그리웠다
목마른 바위틈의 갈대처럼 서성이며
날과 달이 지나고 있었다

말 한마디 건네지 못한 짝사랑이었다
그저 바라보기만 하는 애달픈 해바라기였다
허공에다 써 보낸 사연이 산이 되었다
어쩌다 별빛 스치듯 부딪친 눈빛에
가슴은 쿵쾅거리며 소용돌이쳤다
그것이 전부였다 어느 날부터
그 계집애 보이지 않았다
그날 이후 짝 잃은 밤새마냥
문풍지를 울리는 바람이 되었다
다시 만나야 한다 다짐하며
다음 생을 건너가고 있었다

독자에게 사랑받는 시를 위한 참 시인의 몸부림

유한근(문학평론가)

문수현 시인은 이 시집 책머리에서 "즐거운 시는 행복해서 좋고/슬픈 시는 눈물 나서 좋다/외로운 시는 쓸쓸해서 좋고/아픈 시는 상처가 많아 좋다/시 속에 희로애락이 다 들어 있어/시가 이렇게 아름다워도 되는가/오늘도 시를 읽는다"라고 토로하고 있다.

그 의도는 지명하다. 난해한 시가 주류인 양 판을 치는 시대, 그리하여 시가 독자들을 구축하고 있는 현상 앞에서 독자에게 사랑받지 못하는 시를 독자와 공유하려는 시로 돌아가게 하려는 갸륵하기까지 몸부림이 문수현 시인의 시에 녹아있다.

그녀 시의 모티프는 초월적인 사랑이다. 그래서 그녀 시의 화산 속에는 초월적인 용암이 끓고 있다. 이제 필자는 평론가적 시각보다는 독자의 눈으로 그녀의 용암 속으로 들어가 보려 한다.

석존이 대중에게 따서 보인
꽃 한 송이에
가섭만 미소 지었듯
수천의 말보다
당신 마음과 눈빛 스며든
연꽃 사진 한 장이
나를 행복하게 했다
사랑을 확인하는데
이보다 무엇이 더 필요한가

—시 「화두」 전문

스님들이 선원에서 참선 수행을 위한 실마리인 화두는 시인에게 있어서도 시를 창작할 때 필요한 화두가 있다. 그것을 우리는 시인의 개인적인 모티프라고도 한다. 문수현의 시 「화두」에서 보면 그의 시적 모티프는 염화시중拈花示衆과도 같은 미소의 행복과 사랑이다. 이 시는 석가모니가 제자인 가섭에게 이심전심으로 불법의 진수를 전했다는 이야기가 담긴 도언의 『전등록傳燈錄』을 차용하여 "당신 마음과 눈빛 스며든/연꽃 사진 한 장이/나를 행복하게 했다/사랑을 확인하는데/이보다 무엇이 더 필요한가"라고 노래한다. 사랑을 확인하는데 말은 필요 없고 마음과 눈빛이 스며든 연꽃 사진 한 장으로 족하다는 시인의 사랑은 시 『더딘 사랑』에서 그 일단一端을 불 수 있다.

> 사랑아,/네가 내게 오는데/그렇게 오랜 세월이 걸렸나,/어둠을 밀어내며/네가 오는 동안/기다림을 앞세우고/나는 무얼 하고 있었던가,/사랑아,/네가 오는 동안 나는/내게 다가가려고/그리움에 몸부림쳤던가,/쉴 새 없이 너는 오는데/끝내 나는/저 산빛에 주저앉아/머뭇거린 것만 같구나,
>
> —시 「더딘 사랑」 전문

이 시는 '사랑'을 의인화한 알레고리 시이기도 하다. '사랑'으로 표상되는 특별한 사람이 있을 수 있지만 그 주체가 누구인지 그것은 독자의 상상력 측면에서 보면 중요하지 않다. 대신 이 시에서 중요한 것은 시

적 화자인 시인과 '사랑'이라 이름하는 대상과의 관계이다. 시인이게 있어 오랜 세월이 걸려 다가온 사랑, 그 사랑이 어둠을 밀치고 오는 동안 시적 지아인 시인은 기다림과 몸부림친 그리움이 있었지만, 사랑이 정작 다가오면 "저 산빛에 주저앉아/머뭇거린"다는 시인의 진정성은 오히려 사랑을 소중한 존재로 인식하게 한다.

1. 아니무스적 성향의 시

앞서 필자는 이 시집의 책머리에서 시인의 '새로운 시도'를 일별한 바 있다. 이를 구체화한 그의 시 「새롭다는 것은」에서 새로움의 의미를 탐색한다.

새롭다는 것은 새것이 아니다/때 묻은 걸레를 빨아 깨끗해지듯이/이전 것은 내려놓고 달라지는 것이다/일상의 번복 속에서/앞과 뒤, 속과 겉을 바꾸어보는 것이다/그대에게 향한 이목구비가/크게 열리는 것이다. 열리어서/어제의 내가 아닌 오늘/내가 느끼는 이 기쁨/이 놀라운 감격을 맛보는 것이다/이제껏 알지 못한 것을 알게 되는 순간/새가 되어 날아오르는 것이다/육체보

다 영혼 쪽으로/한 발 더 가까이 다가서는/거듭나는 생의 모습이다

―시 「새롭다는 것은」 전문

이 시는 다분히 논리적이면서도 서정적이기도 한다. '새롭다는 것'이라는 언어에 대한 인식 과정을 쓴 시지만 그것을 이미지로 구체화 시키고 있는 주목받는 시이다. 새롭다는 것은 "이전 것은 내려놓고 달라지는 것"인데, "일상의 번복 속에서/앞과 뒤, 속과 겉을 바꾸어보는" 창조적인 전복顚覆을 의미하는 것으로 인식한다. 그리고 이에 대한 구체화로 시적 자아의 대상인 "그대에게 향한 이목구비가/크게 열"려 "어제의 내가 아닌 오늘/내가 느끼는 이 기쁨/이 놀라운 감격을 맛보는 것"이 '새롭다는 것'을 의미하는 것이다. 이로 인해 새로움을 맛본 시적 자아는 "이제껏 알지 못한 것을 알게 되는 순간/새가 되어 날아오르"고, "육체보다 영혼 쪽으로/한 발 더 가까이 다가서는/거듭나는 생의 모습"을 보일 수 있다는 것이다.

당신이 누군지 모른다
내겐 당신이 존재하지 않는다

사랑이나 미움 따위는
먼 신화 속의 이야기
누굴 그리워하거나 기다린 적 없다
더듬이 끝에 눈알을 굴리며
세상을 이리저리 살피지만
그저 습관에 익숙할 뿐이다
내겐 이 지구가 우주다
어느 먼 행성에서 소풍 와서
지구가 좋아서 떠나지 못 한다
나는 지금껏 종종걸음친 적도
두려움에 뒷걸음친 적도 없이
피하고 숨는 곳이 겨우 등의 집이다
나는 한 번도 울어 본 적 없어
전혀 눈물이 무언지 모른다
당신에게 상처를 입고
가슴 아파 몸부림친 적도 없다
짚신도 짝이 있다는 세상에
내 안에 당신, 당신 안에 내가 있기에
번식을 위해 서로 주고받는 난생卵生을 산다

—시 「달팽이」 전문

위 시 「달팽이」의 모티프가 되고 있는 달팽이는 난

생동물이며 자웅동체라는 특징을 지닌 연체동물이라는 정보를 바탕으로 깔고 시적 화자를 달팽이로 해서 쓴 시이다. 이른바 알레고리의 표현구조를 시적 화자로 설정한 시이다. 이런 경우에는 시적 대상인 달팽이를 자기화하거나 아니면 시적 자아가 직접 대상화하여 자신의 내면세계를 투영시킨다. 그런 점에서 이 시의 서두 부분 "당신이 누군지 모른다/내겐 당신이 존재하지 않는다/사랑이나 미움 따위는/먼 신화 속의 이야기/누굴 그리워하거나 기다린 적 없다"라는 토로는 시인이 달팽이가 되어 특정한 존재인 '당신'에게 말하는 것으로 시작한다. 이 시에서 '당신'은 달팽이의 속성인 암수한몸이라는 특성에 따라 "짚신도 짝이 있다는 세상에/내 안에 당신, 당신 안에 내가 있기에"라는 후반부의 시 구절에서 보듯이 시인 내면 속의 또 다른 자신을 의미한다. 그것이 융의 아니마든 아니무스이든 시인의 진정한 자아일 것이다. 이 자아는 창조력이지만 파괴력의 원천이 되기도 한다.

문수현 시인의 경우에는 아니무스animus일 것이다. 그 심상은 "내겐 이 지구가 우주다/어느 먼 행성에서 소풍 와서/지구가 좋아서 떠나지 못 한다"라는 의식으로 나타나며, 한편으로는 "나는 지금껏 종종걸음친 적도/두려움에 뒷걸음친 적도 없이/피하고 숨는 곳이 겨우 등의 집이다/나는 한 번도 울어 본 적 없어/전혀 눈물이 무언지 모른다"라고 토로한다. 그리고 "당신에게 상처를 입고/가슴 아파 몸부림친 적도 없다"라는 남성적인 대범함으로도 나타난다. 그래서 그러한지 그의 시에서는 남성적 이미지가 두드러지기도 한다.

2. '산'의 표상성

원형적 상징 문제이지만 누군가는 말한다. 산은 남성적이고 바다는 여성적이라고. 산은 우뚝 서서 비바람이 깎이는 남성성이 있는 데 반해, 바다는 그 깎인 남성의 것을 받아주는 여성성을 특성으로 하고 있는 생명의 모태라는 원형적 상징성을 지니고 있다고.

문수현 시인은 연작시 「산 일기」 10편을 발표하고 있으며, 「산이 아름다운 것은」 「산 사람」 「산의 날개」 등 산을 모티프로 한 시들을 쓰고 있는 것도 그의 내면 심성이 아니무스적인 특성 때문일까 주목된다.

연작시 「산 일기」의 '1'은 "엇길로 빠진 듯 너를/멀리서 지켜본 날로부터/이대로 영영 잊고 살자 했다/그러던 어느 날 밤 꿈속으로/숲을 앞세우고 찾아와서/왜 아니 오느냐, 왜 아니 보이느냐/기다림에 애가 타 슬펐다며/돌아서는 뒷모습이 아파 보였는데/이목구비 반듯했던 네가/내게 날개를 달아주었을 때/단숨에 산정에 오를 수 있었다/그날 이후 한 번도 잊은 적 없고/마음속 깊이 화석으로 남았다"로 서두를 시작한다. 이렇게 시 「산 일기 1」의 서두만 보아도 '산'은 남성적 이미지가 강하다. 이 시에서 숲을 앞세우고 꿈에서 찾아오는 '너'라는 존재는 '산'이다. 이목구비가 반듯한 산. 그 산이 돌아서는 뒷모습은 아파 보이지만, 시적 자아에게 날개를 달아주는 산은 시인의 마음속에서는 화석으로 남는 존재이다,

시인에게 있어 그런 존재였던 산은 시 「산 일기 3」에서는 "하늘이 목 놓아 우는 날은/산도 덩달아 펑펑 울고 만다", 그것이 "그동안 쌓인 아픔과 한이/얼마나 많았겠는가"라는 생각을 시인은 하게 된다. "사람들이 버린 쓰레기부터/바람과 새들이 물고 온/억울하고 슬픈 소식까지/한꺼번에 쏟아내어" 계곡으로 흘려보내는 산사태. 그로 인해 평화로운 산밑 마을이 순식간에 아수라장이 되자 "한꺼번에 터져 나온 지상의 울음에/귀가 먹먹해진 산은 이 모든 것이/자신의 잘못인 것 같아/몸 둘 바를 모른다"(시 「산 일기 3」 결말 부분)

라고 노래한다. 이렇게 「산 일기 3」은 나름의 의인화된 이야기가 있는 알레고리시이다.

「산 일기 10」은 「산 일기 3」과는 달리 "나를 품어 안는 산"이다.

무거운 발길도 산에 들면
오를수록 가벼워지는 마음
산 중턱쯤에서 산이 내어준 깃털이
스멀스멀 겨드랑이에서 돋아나
산정에 서면 날개를 단다
손을 내밀어 잡아주는
산의 어깨에 기댈수록
세속의 때가 씻겨 나가고
아직도 구시렁거리는 나를
침묵의 말로 다독여준다
산의 수심에 내려설수록
머리가 숙여지고 낮아지는
나를 품어 안는 산이다
무거운 짐 거뜬히 받아 들고
견고한 믿음을 심어주는 산은
천년을 보는 눈으로
바람과 새소리를 읽고

누구나 흔들리지 말라고
바위 하나씩 안겨주고
만 년을 거뜬하시다
　　―시 「산 일기 10」 전문

사람을 품어주는 산의 노래인 이 시 「산 일기 10」은 산 등정의 상쾌함과 웰빙의 삶을 노래한 것과 다르지 않다. "무거운 발길도 산에 들면/오를수록 가벼워지는 마음" 그리고 산 중턱에 오르면 겨드랑이에 산이 내어준 깃털이 돋아 산정에 서면 날개를 달게 된다는 의식, 그 의식으로 인해 산은 시적 화자의 세속의 때를 씻어주고 침묵의 말로 불편을 다독여준다. 그로 인해 시인은 산에 대한 믿음이 견고해지고, 이 시의 결말 부분에서 볼 수 있듯이 "천년을 보는 눈으로/바람과 새소리를 읽고/누구나 흔들리지 말라고/바위 하나씩 안겨주고/만 년을 거뜬하"게 하는 에너지를 준다.

이렇게 문수현 시인의 산에 대한 찬가는 시 「산이 아름다운 것은」이라는 시에서도 지속된다. 이 시의 제목이 시사하는 바처럼 산이 아름다운 것은 세속의 때를 씻어내고, "희로애락에 물들지 않기 때문"이라는 것이다. 그리고 "숨겨둔 날개를 꺼내어 날지 않고/식

솔 같은 바위와 숲/이웃 같은 계곡의 물소리/연인 같은 새소리 바람소리/침묵으로 다독이며 힘을 실어주는/반가운 만남이 있기 때문"이며, 결말 부분에서는 "산정을 오르내리는 사람들이/서로를 지켜주는/따뜻한 손길이 있기 때문"이라고 노래한다.

여기에서 산이 '날개를 감춘 새'임을 시인은 또 다른 시 「시의 날개」에서 이렇게 노래한다. "산이 날개를 감춘 새라는 것을 아는 사람은 많지 않다 겨드랑이에 스멀스멀 날개가 돋아나 멀리 날고 싶어 한다는 걸 산정에 서 보면 안다. 산이 날개를 내 주어 몸이 가벼워진 것을, 산도 때로 날고 싶어 깊은 밤 아무도 몰래 날개를 꺼내어 보고 그리움이 사무치면 그림자를 심어놓고 몸 바꾸어 하늘 높이 기러기처럼 날며 천 년을 두고 운다는 것을."(전문)이 그것인데, 여기에서 우리가 주목해야 할 부분은 "산도 때로 날고 싶어 깊은 밤 아무도 몰래 날개를 꺼내어" 본다는 사실로 슬프지만, 그보다도 "그리움이 사무치면 그림자를 심어놓고 몸 바꾸어 하늘 높이 기러기처럼 날며 천 년을 두고 운다"는 인식이 이 시를 다시 읽게 하고 주목하게 한다.

그렇다면 산에 사는 사람, 산 사람은 어떤 존재일까?

산에 살려면 속세의 그림자와
끝까지 매달리는 미련을 떨치고
빈 몸 빈 마음으로 들어와서
산의 모습과 무게를 닮아가고
속세를 잊는 것만이 아니다
먼 불빛에 흔들리지 않고
침묵하는 산의 입과
커다란 귀를 여는 생활에다
사람이 싫어서 사람을 피하여
숨어 들어와서도 안 된다
산도 속세에 뿌리를 뻗고 있다
산 사람이 되려면
초목과 바위를 이웃으로
새소리 바람소리를 친구로
산의 옷을 입을 때까지
참고 견뎌내는 것만도 아니다
산을 좋아한다고 몰려다니는
사람들을 흉내 내서도 안 된다
산 사람이 되려면
산에서 속세를 배우고
속세에서 산을 읽으며
산과 하나가 되어야 한다

—시 「산 사람」 전문

이 시는 아포리즘시의 성향을 지니고 있다. 아포리즘의 사전적 의미는 "깊은 체험적 진리를 간결하고 압축된 형식으로 나타낸 짧은 글"을 일컫는다. 아포리즘은 격언, 경구, 잠언, 이언俚言, 속담, 처세훈'과 같은 성향과 비슷하지만 아포리즘의 가장 중요한 의미는 작자의 독자적인 창작이라는 점, 그리고 교훈적 가치보다도 순수한 이론적 가치를 중요시한다는 점이다. 그래서 문학의 장르인 시와 수필로 아포리즘적 경향을 구현하는 데에는 큰 무리가 없다.

위의 시 「산 사람」은 산에 사는 사람, 산을 닮은 사람, 산 그 자체인 사람들이 가져야 할 덕목을 발화하고 있다는 점에서 이 시는 아포리즘적인 시이다.

이 시의 서두에는 '산에 살려면' 어떤 덕목을 갖추어야 하는가를 제시했다. 속세의 모든 흔적과 미련을 버리고 "빈 몸 빈 마음으로 들어와서/산의 모습과 무게를 닮아가"야 한다는 것이 그것이다. 좀 더 감각적으로 구체화하면 "먼 불빛에 흔들리지 않고/침묵하는 산의 입과/커다란 귀를 여는 생활에다/사람이 싫어서 사람을 피하여/숨어 들어와서도 안 된다"라는 아포리즘이 그것이다. 그리고 산 사람이 되기 위해서는 "산에서 속세를 배우고/속세에서 산을 읽으며/산과 하나가 되어야 한다"라는 반어적이며 역설적인 엄청난 아포리즘으로 이 시를 마무리하고 있는 것이 그것이다.

3. 아포리즘적 경향의 시 면모

아포리즘적인 시는 종교적인 시나 철학적인 시 혹은 삶의 지혜를 제시해주는 시이다. 성경의 잠언적인 시와 불경의 지혜 시가 적절하다. 그렇다고 해서 종교시 그 자체를 의미하는 것은 아니다. 종교의 교리가 감성적으로 육화된 시를 의미한다.

예를 들면 문수현 시 「사는 법」의 경우이다.

멀리서 풍경이고
감추어 아름답다면
그냥 두어라
가까이해서 실망하고
파헤쳐서 후회하지 말고
지금 그대로 두는 것이
피차 도움이 된다
멀리 둘 것은 멀리
가까이 둘 것은 가까이
그리고 침묵할 것

보고 듣는 것이 넘치는 세상
제 눈에 들보는 두고
남의 눈에 티를 빼어*
나팔을 불지 마라
허물없는 사람이 어디 있던가
모르면 약 알면 병
긁어 부스럼 내지 말고
날마다 거울을 보며
정직한 얼굴을 그리면
오늘도 행복하리라*

—시 「사는 법」 전문

위의 시 서두의 3행 "멀리서 풍경이고/감추어 아름답다면/그냥 두어라"는 명령형 시 문장이다. 대개의 경우, 아포리즘적인 시행의 문체는 이처럼 명령형이나 청유형 등을 많이 쓰는 경향이 있다. 이 경향의 문체가 신빙성을 배가해 주기 때문이다.

그리고 후반부 11행부터는 각주 처리를 통해 마태복음 7장 1~5절의 의미를 차용했음을 밝히고 있다. 그러나 그 차용은 인용이 아니라 성경의 의미를 차용하여 시인의 창조적 언어로 표현하고 있음을 알 수 있다.

마태복음 7장 1~5절은 이렇다. "비판을 받지 아니하려거든 비판하지 말라. 너희가 비판하는 그 비판으로 너희가 비판을 받을 것이요, 너희가 헤아리는 그 헤아림으로 너희가 헤아림을 받을 것이니라. 어찌하여 형제의 눈 속에 있는 티는 보고 네 눈 속에 있는 들보는 깨닫지 못하느냐? 보라 네 눈 속에 들보가 있는데 어찌하여 형제에게 말하기를 나로 네 눈 속에 있는 티를 빼게 하라 하겠느냐? 외식하는 자여 먼저 네 눈 속에서 들보를 빼어라"에서 보듯 남의 눈에 있는 티와 들보의 상징성을 시 「사는 법」에서 차용하고 있는 것이 그것이다.

이를 통해서 시인은 이 시에서 결말 부분의 3행 "날마다 거울을 보며/정직한 얼굴을 그리면/오늘도 행복하"라는 아포리즘 언어로 이 시를 형상화한다.

문수현 시인은 시 「나의 집」 서두에서 이렇게 토로한다. "나의 집은 나무다/때로 구름이고 싶고/바람처럼 헤매다니고 싶어도/한번 뿌리 내리면 그곳/사랑 또한 너무 고독해/그대를 떠나지 못 한다"고 노래한다. 자연친화적인 거처이지만, 이어서 "그렇지만/먼 데 물소리에 귀를 밝히고/무시로 산 그림자 끌고 와/숲을 풀어 놓는다/낮달의 한숨도 슬쩍 줍고/산 너머 꽃소식에/마음이 먼저 내닫는다/계절이 숨 가쁘게 드나들어/하늘의 속살을 콕콕 찌르는 재미/무시로 가지를 키워/싱싱한 실핏줄을 뻗기도 한다"(시 「나의 집」 전문)고 자연과 하나 되는 것으로 마무리한다. 이는 다분히 자연 친화를 통해서 절대자인 신적 존재로 지향하는 시인의 태도와 다르지 않다.

아포리즘적인 시 한 편을 더 보자. 시 「상처」이다.

모든 상처는 아프지만
상처가 있어야 아물고
아물어야 새살이 돋는다
상처 없다 자랑 마라
상처 없다면 상처를 입지 않고
상처만 주는 사람
더욱이 믿지 마라
상처가 있어야 너와 내가 만나
당신의 상처를 쓰다듬으며
내 상처도 달랜다
세상에 상처 없는 만남이 어디 있는가
만남의 순간부터

서로에게 상처가 된다
들먹일수록 덧나는 상처는
자꾸 건들지 마라
상처가 많을수록
생이 아름다워지고
사랑도 깊이 익는다

—시 「상처」 전문

시에 있어서 그 제목이 '상처' 혹은 '사랑'이라는 제목은 진부할 수 있다. 일상적으로 흔히 쓰는 언어이기 때문에 세련되지 못하고 모던하지 못한 제목으로 인식될 수 있다. 그러나 이런 제목도 경우에 따라서는 진정성 있는 제목으로, 어떤 측면에서는 우리 삶에 있어서 진솔하고 절실한 모티프이기 때문에 꾸밈이 없는 제목으로 인식될 수도 있다. 문수현의 시 「상처」를 주목하는 이유 중 하나가 이것이다.

이 시의 경우도 "~(하)라"는 명령형 종결어미가 반복적으로 나타나 시적 리듬을 형성하기도 한다. "상처 없다 자랑 마라" "상처만 주는 사람/더욱이 믿지 마라" "들먹일수록 덧나는 상처는/자꾸 건들지 마라"가 그것이다. 그리고 결말 부분 3행인 "상처가 많을수록/

생이 아름다워지고/사랑도 깊이 익는다"로 마감하면서 상처와 사랑의 관계 양식을 감성 논리로 전언한다. 시 「종이접기」와 같은 다른 양식으로 사랑에 대한 사유적 언어를 전언한다. "당신과 내가 낯설 때/좁혀지지 않는 레일도 있다/숨길수록 아름다운 노래가 있고/서로 젖어드는 눈물이 있다/만나면 우리 지워지지 않고/완성되는 사랑이 있다"라고 노래한 시 「종이접기」와는 다른 사유 과정을 통해서 시인은 완성된 사랑의 언어를 전언한다. 이러한 시 창작의 시도가 이 글의 서두에서 언급한 '새로운 시도'를 통한 시인에게 있어서는 '즐거운 도전'일 수 있음은 자명하다.

평론가도 독자의 한 사람이다. 필자는 문수현의 시를 읽으며 예수를 만나고 부처도 만났다. 그녀의 시는 인스턴트 차가 아니고 웅숭깊게 우러난 차의 향기로 독자의 가슴을 따스하게 데워준다. 그리하여 그녀의 착한 시들은 난해시로 하여 멀어져간 독자들을 시의 광장으로 돌아오게 하리라 믿는다.

문학의 즐거움은 감동이다. 감동의 즐거움으로 충만한 문수현의 시에서 독자들은 진정한 시의 맛과 향기에 취하여 사색을 하고 내면의 원고지에 시를 쓰리라 생각한다. 그렇다면 문수현은 진정한 시의 전도사로 불리어도 충분하다. 모처럼 시다운 시 속에서 필자는 행복을 느낀다.